Inhalt

Einführung der E-Bilanz - Gesetzliche Anforderungen an die Unternehmen

Kernthesen

Beitrag

Fallbeispiele

Weiterführende Literatur

Impressum

Einführung der E-Bilanz - Gesetzliche Anforderungen an die Unternehmen

A.Kaindl

Kernthesen

- Mit dem Steuerbürokratieabbaugesetz wurde die Verpflichtung zur elektronischen Übermittlung von Bilanz und GuV an die Finanzverwaltung eingeführt.
- Damit verbunden ist eine Ausweitung der Berichtspflichten durch die Festlegung eines Mindestumfangs an die zu übermittelnden steuerlichen Angaben.
- Die Umsetzung der geforderten Vorgaben verursacht bei den Steuerpflichtigen einen

erheblichen Umstellungsaufwand im Hinblick auf das betriebliche Rechnungswesen.

Beitrag

Pflicht zur E-Bilanz im Steuerbürokratieabbaugesetz verankert

Mit dem Steuerbürokratieabbaugesetz vom 20.12.2008 ist der § 5b in das Einkommensteuergesetz aufgenommen worden. Dieser führt die Verpflichtung zur elektronischen Übermittlung von Bilanzen sowie Gewinn- und Verlustrechnungen (GuV) ein. Nach dieser Vorschrift haben Unternehmen aller Größenklassen eine E-Bilanz nach amtlich vorgeschriebenem Datensatz durch Datenfernübertragung zu übermitteln. Die Unternehmen können eine Handelsbilanz mit Überleitungsrechnung oder eine eigene Steuerbilanz einreichen. Basis der elektronischen Übermittlung wird die Programmiersprache XBRL (eXtensible Business Reporting Language) sein. Mit der Verpflichtung zur elektronischen Übermittlung entfällt die bisher vorgeschriebene Abgabe in

Papierform. Es könnte der Eindruck entstehen, mit der Neuerung werden nach der Devise "Elektronik statt Papier" die papierbasierten Verfahrensabläufe durch elektronische Kommunikation ersetzt. Dieser Eindruck erweist sich jedoch sehr schnell als trügerisch, denn die Einführung der E-Bilanz ist für die Steuerpflichtigen mit erheblichen Herausforderungen verbunden. (1), (2), (3), (4)

Nach dem aktuell gültigen Gesetzesstand hat die Übermittlung der XBRL-Datensätze erstmals für Wirtschaftsjahre zu erfolgen, die nach dem 31.12.2010 beginnen. Das bedeutet, dass die technischen und inhaltlichen Vorbereitungen bereits mit Beginn des kommenden Wirtschaftsjahres abgeschlossen sein müssen. (4)

BMF-Schreiben gibt Mindestumfang der zu übermittelnden Daten vor

Der Gesetzgeber hat das Bundesministerium für Finanzen (BMF) ermächtigt, im Einvernehmen mit den obersten Finanzbehörden der Länder den Mindestumfang an die zu übermittelnde Bilanz und GuV zu bestimmen. In Konkretisierung dieses Mindestumfangs hat das BMF am 31.8.2010 den seit langem erwarteten Entwurf des Schreibens zur E-

Bilanz vorgelegt, der insbesondere durch den Umfang der Anlagen (ca. 300 Seiten) und den vorgesehenen engen Zeitplan überrascht. (1)

Die Verpflichtung zur standardisierten elektronischen Übermittlung umfasst nach § 5b EStG den Inhalt der Bilanz sowie der GuV. Die Bestimmung des Mindestumfanges erfolgte durch die Erweiterung der HGB-Taxonomie um die für die steuerliche Deklaration erforderlichen Positionen und Elemente. Eine Taxonomie enthält die einzelnen Elemente, aus denen ein Finanzbericht besteht, wie z. B. das Modul "Bilanz" sowie die einzelnen Positionen der Bilanz und definiert durch Rechenregeln ihre Beziehungen zueinander. (5)Das steuerliche Datenschema, welches im BMF-Entwurf veröffentlicht wurde, besteht aus zwei Grundelementen: Dem GAAP-Modul (Generally Accepted Accouting Principles), welches die Rechnungslegungsvorschriften abbildet und dem GCD-Modul (Global Common Data), welches Informationen über das Dokument, den Bericht und das berichtende Unternehmen enthält. Der zu übermittelnde XBRL-Datensatz muss beide Module enthalten. (3), (4)Die in § 5b EStG genannten Bestandteile der elektronischen Übermittlung werden in den Modulen "Bilanz", "Steuerliche Modifikationen" und "Gewinn- und Verlustrechnung" abgebildet. Darüber hinaus existieren u. a. die Module "Ergebnisverwendung",

"Kapitalkontenentwicklung", "Anlagespiegel" und "Anhang". Diese müssen jedoch mangels gesetzlicher Grundlage nicht zwingend elektronisch übermittelt werden. Eine Ausnahme besteht für das Modul "Ergebnisverwendung", welches zwingend übermittelt werden muss, wenn in der Bilanz ein Bilanzgewinn ausgewiesen wird. Demzufolge können die freiwillig zu übermittelnden Module weiterhin in Papierform abgegeben werden. (5)

Ausweitung der Gliederungstiefe und Auswirkungen in der Praxis

In den Anlagen zum Entwurf des BMF werden für Einzelunternehmen, Körperschaften und Personengesellschaften abweichende Vorgaben zur Diskussion gestellt, die sich zwar im Grundsatz an den Gliederungsvorgaben der §§ 266, 275 HGB orientieren, durch umfangreiche Differenzierungen und Ergänzungen aber deutlich über die handelsrechtlichen Vorgaben hinausgehen. Die Bilanz i. S. v. § 266 HGB besteht aus 61 Positionen, die GuV i. S. v. § 275 HGB zählt 27 Positionen. Nach dem Entwurf besteht der zu übermittelnde Mindestumfang dagegen aus insgesamt 166 Bilanzpositionen und 187 GuV-Positionen. Eine beachtliche Anzahl dieser Felder ist verpflichtend zu belegen. Sie sind als "Mussfeld", "Summenmussfeld" oder "rechnerisch notwendig, falls vorhanden" gekennzeichnet und machen den durch die Verwaltung angestrebten Mindestumfang der Vorgaben aus. (1), (3)

Die Umsetzung der vom BMF geforderten Vorgaben erfordert von den Steuerpflichtigen erhebliche Anstrengungen, die von der Schulung der Mitarbeiter über die Anpassung der Kontenpläne bis zur Modifikation der IT-Systeme reichen. Für die Finanzverwaltung führt die vorgesehene Neuerung zu einer deutlichen Reduzierung des Erfassungsaufwands und langfristig zu einem umfassenden Datenpool, der umfangreiche Auswertungen im Längs- und Querschnitt zulässt. (1)

Notwendigkeit einer Überleitungsrechnung

Enthält die Bilanz Werte, die den steuerlichen Vorschriften nicht entsprechen, ist eine standardisierte Überleitungsrechnung auf die steuerlichen Musspositionen erforderlich, die auch elektronisch zu übermitteln ist. Die Überleitungsrechnung umfasst demnach nicht nur den Übergang von der Handels- zur Steuerbilanz aufgrund von Ansatz- und Bewertungsunterschieden, sondern auch eine Umgliederung der Positionen. Eine

Überleitung von GuV-Werten ist im Gesetz nicht vorgesehen. (1), (3)

Für die Unternehmen stellt dies einen erheblichen Mehraufwand dar. Dieser lässt sich nur vermeiden, wenn die steuerlichen Musspositionen bereits bei der Erfassung der laufenden Geschäftsvorfälle und damit bei der Erstellung der Handelsbilanz Berücksichtigung finden. Dies setzt die Erweiterung der bestehenden und überwiegend an den handelsrechtlichen Gliederungsschemata ausgerichteten Kontenrahmen voraus. Die Erweiterung der Gliederungstiefe hat demnach eine erhebliche Erweiterung der Kontenrahmen sowie Änderungen der Kontenzuordnungen und Buchungsanweisungen zur Folge. (2), (3)

Verschiebung bzw. Befreiung von der Verpflichtung zur elektronischen Übertragung

Eine Verschiebung der verpflichtenden elektronischen Übermittlung auf Wirtschaftsjahre, die nach dem 31.12.2013 beginnen, ist lediglich für das Modul "Kapitalkontenentwicklung vorgesehen. Damit bleibt den Steuerpflichtigen nur eine unverhältnismäßig kurze Zeit, um sich auf die neuen Anforderungen einzustellen. (1)

Sofern die elektronische Übermittlung für das Unternehmen einen unverhältnismäßigen Aufwand darstellt, kann dieses eine antragsgebundene Härtefallregelung in Anspruch nehmen. Eine wirtschaftliche oder persönliche Unzumutbarkeit liegt vor, wenn die Schaffung der technischen Möglichkeiten für eine Datenfernübertragung nur mit einem erheblichen finanziellen Aufwand möglich ist, oder wenn das Unternehmen nicht oder nur eingeschränkt in der Lage ist, die Möglichkeiten der Datenfernübertragung zu nutzen. Insofern besteht für Kleinstunternehmen in der Praxis die Möglichkeit, sich von der Verpflichtung nach § 5b EStG befreien zu lassen. Für Großunternehmen existiert keine Befreiungsmöglichkeit. (5)

Trends

Die Module "Ergebnisverwendung", "Kapitalkontenentwicklung", "Anlagespiegel" und "Anhang" müssen bisher nicht zwingend elektronisch übermittelt werden. Die Existenz dieser Module lässt jedoch vermuten, dass sich die Verpflichtung zur elektronischen Übermittlung künftig auch auf diese Module erstrecken wird. (2)

Fallbeispiele

Wie bereits ausgeführt, geht der im Schreiben vom BMF verlangte Mindestumfang der zu liefernden Informationen erheblich über die Gliederungsvorgaben der §§ 266, 275 HGB hinaus. Exemplarisch deutlich wird dies an der Position "sonstige betriebliche Aufwendungen". Körperschaften müssen für diese Position 30 Unterpositionen separat ausweisen, die ihrerseits in weitere 20 Unterpositionen zu zerlegen bzw. zu erläutern sind. Von diesen in Summe 50 Feldern sind 46 verpflichtend zu belegen.

Durch die Einführung des Mindestumfangs und die damit einhergehende Ausweitung der Gliederungstiefe bei der elektronischen Übermittlung von Bilanz und GuV an die Finanzbehörden befürchtet die Wirtschaft einen unverhältnismäßigen Umstellungs- und Mehraufwand. Im Hinblick auf die gesamte Wirtschaft dürfte sich dieser mindestens in zweistelliger Millionenhöhe bewegen. Der Gesetzgeber schätzt den reinen Umstellungsaufwand bei der Wirtschaft dagegen lediglich auf 500 000 Euro. (2)

Weiterführende Literatur

(1) Wochenüberblick
aus Betriebs Berater Heft 39/2010 Seite 2313

(2) Mit der E-Bilanz wachsen die Bürokratiekosten
aus Versicherungsjournal.de, Ausgabe vom 13.10.2010:

(3) E-Bilanz: Mindestumfang der steuerlichen
Deklaration nach der geplanten Taxonomie Entwurf
eines BMF-Schreibens vom 31.8.2010 - IV C 6 - S 2133-b/10/10001
aus Betriebs Berater Heft 41/2010 Seite 2489

(4) Die E-Bilanz fordert die IT
aus Computerwoche, 18.10.2010, Nr. 42

(5) Dipl.-Finw. B. Köstler, Neubiberg - Die neue E-Bilanz in der täglichen Beratungspraxis
aus SteuerConsultant, Vol. 3, Heft 11/2010, S. 15-18

Impressum

Einführung der E-Bilanz - Gesetzliche Anforderungen an die Unternehmen

Bibliografische Information der deutschen Nationalbibliothek

Die Deutsche Nationalbibliothek verzeichnet diese Publikation in der deutschen Nationalbibliografie; detaillierte bibliografische Daten sind im Internet über http://dnb.d-nb.de abrufbar.

ISBN: 978-3-7379-1393-5

© 2015 GBI-Genios Deutsche Wirtschaftsdatenbank GmbH, Freischützstraße 96, 81927 München, www.genios.de

Alle Rechte vorbehalten. Dieses Werk ist einschließlich aller seiner Teile – z.B. Texte, Tabellen und Grafiken - urheberrechtlich geschützt. Jede Verwertung außerhalb der Grenzen des Urheberrechtsgesetzes bedarf der vorherigen Zustimmung des Verlags. Dies gilt insbesondere auch für auszugsweise Nachdrucke, fotomechanische

Vervielfältigungen (Fotokopie/Mikroskopie), Übersetzungen, Auswertungen durch Datenbanken oder ähnliche Einrichtungen und die Einspeicherung und Verarbeitung in elektronischen Systemen.